LA RÉPUBLIQUE

ET

LA RELIGION.

Cinq centimes.

PARIS,

JACQUES LECOFFRE ET Cⁱᵉ, LIBRAIRES,

RUE DU VIEUX-COLOMBIER, 29.

Ci-devant rue du Pot de Fer Saint-Sulpice, 8.

—

1848.

AUX TREMBLEURS ET AUX PEUREUX.

Une chose peut tout sauver : l'espoir.

Une chose aussi peut tout perdre : la peur.

Il y a des gens qui ont peur de tout.

Il y en a qui ont peur de l'eau, parce que l'eau produit les torrents et les inondations.

Faudrait-il supprimer l'eau ?

D'autres craignent le feu, parce que le feu produit les incendies.

Faut-il pour cela renoncer au feu ?

Il est une autre peur non moins absurde; la peur de la république.

Quelques-uns la craignent, parce qu'en 93 elle mit ses mains dans le sang.

Nous dirons à ces trembleurs :

Mais, entre 93 et 1848, il y a un immense abîme.

A l'heure qu'il est, le règne de l'échafaud est passé.

Ce n'est plus une guerre entre le frère et le

frère, le citoyen et le citoyen. Notre immortelle révolution, c'est le règne de l'ordre dans la liberté.

C'est la réforme pacifique de tous les abus, l'avénement de la justice parmi nous.

Vous donc qui tremblez, vous tous qui avez peur, regardez le peuple, et ne le calomniez point ; connaissez le peuple avant de le juger ; lisez ce petit écrit, et vous sentirez à l'instant vos préjugés se dissiper et votre peur s'évanouir.

LA RÉPUBLIQUE

ET

LA RELIGION.

---

24 FÉVRIER.

PRISE DES TUILERIES. — LE CHRIST PORTÉ EN TRIOMPHE AU MILIEU DU PEUPLE.

Au moment où les braves citoyens de Paris venaient d'envahir les Tuileries, un jeune homme courut en toute hâte à la chapelle. Il s'imaginait qu'on penserait à la dévaster, comme si le peuple parisien n'était pas un peuple religieux ! Il traverse ces salons encombrés d'hommes qui jetaient par les fenêtres les dépouilles de la royauté. Il arrive à la chapelle : tout était calme dans ce sanctuaire. Le jeune homme pria quelques gardes nationaux de l'aider à emporter les vases sacrés et le crucifix à l'église de Saint-Roch ; ils y pensaient déjà. Deux élèves de l'École polytechnique surviennent, et s'adjoignent à eux : ces vrais républicains prennent le saint ciboire et le crucifix, et, descendant les escaliers du château, ils se dirigent à travers le Carrousel ; là, au milieu de ce peuple respectueux qui les environnait, un ennemi de la liberté des cultes pousse un cri de haine contre le divin Ami des pauvres et des ouvriers. Alors l'élève de l'École polytechnique qui portait le crucifix l'éleva en l'air en criant : « Vous voulez être libres ; eh bien ! n'oubliez pas que vous ne pouvez l'être que par le Christ. — Oui ! oui ! répondirent un grand nombre de voix : c'est notre maître à tous ; » et les têtes se découvrirent aux cris de : Vive le Christ ! La foule s'adjoignit aussitôt à ces braves qui savaient si bien défendre leur patrie et leur Dieu. Le crucifix et les vases sacrés furent portés comme en procession jusqu'à l'église de Saint-Roch, où ils furent reçus par le curé. En lui remettant ces précieux dépôts, on demanda sa bénédiction : « Nous aimons Dieu, s'écrièrent-ils ; nous vous apportons son image ; elle ne doit pas rester dans la maison d'un parjure. Vive la liberté ! vive la religion ! vive Pie IX ! »

LA BLOUSE ET LA SOUTANE.

Le jeudi 24 février, à dix heures du matin, M. l'abbé Pougnet, se trouvant dans le quartier de la Madeleine, voulut revenir à son domicile, rue du Pot-de-Fer Saint-Sulpice. Il lui fallut franchir plus de cinquante barricades. A l'entrée de la rue du Reposoir, les héroïques travailleurs lui dirent : « N'ayez pas peur, M. l'abbé! vous êtes en sûreté au milieu de nous. Honneur à la religion! respect aux prêtres! » A une autre barricade, on l'arrêtait pour lui dire : « M. l'abbé, nous voulons soutenir la religion, nous voulons respecter les prêtres : nous en avons besoin pour nous et nos enfants. » Partout, enfin, il était accueilli par les cris : Vive M. l'abbé! vive la religion! C'est que le peuple a compris depuis longtemps que les prêtres sont ses amis les plus dévoués, et qu'il y a une sainte fraternité entre la blouse et la soutane.

UN MOT D'ORDRE.

Une des journées de février, le mot d'ordre de la garde nationale était : *Dieu avant tout*. Ce sera désormais le mot d'ordre de toute la France !

LES RELIGIEUSES.

Les dames du Sacré-Cœur, dans la chaleur même du combat, ont recueilli chez elles des blessés de nos immortelles journées de février, et continuent à les soigner avec la sollicitude la plus touchante. Indépendamment de cette bonne action, elles ont déposé à la mairie du 10e arrondissement une somme de cinq cents francs, pour leur souscription au profit de la victoire républicaine. Elles ont, en outre, envoyé quatre lits complets au palais qui fut autrefois le siége de la royauté, et que la munificence nationale destine aux invalides du travail. Enfin, les dames du Sacré-Cœur ont voulu adopter six orphelines des victimes populaires des derniers événements. Cet exemple a été suivi par le couvent des Oiseaux, et par plusieurs autres congrégations religieuses.

LE PÈRE LACORDAIRE A NOTRE-DAME.

Le dimanche 27 février, une foule immense se rassemblait dans la vaste nef de Notre-Dame de Paris. Des élèves des écoles, des hommes en blouse formaient la grande majorité de l'auditoire; un très-grand nombre de prêtres étaient placés au banc d'œuvre ou mêlés à la foule. Après les agitations du combat, tous étaient heureux de se retrouver au pied des autels, pour rendre grâce de la victoire, et pour inaugurer, sous les yeux de Dieu et de la Vierge protectrice de la France, le règne nouveau de la véritable liberté. A une heure, un prêtre dont tous connaissent depuis longtemps la sublime éloquence, le R. P. H. Lacordaire, religieux dominicain, est monté dans la chaire de la vieille basilique. Il a d'abord donné lecture de la lettre de Mgr l'Archevêque de Paris, qui ordonne des prières pour les morts et des quêtes au profit des blessés. S'adressant au premier pasteur de la capitale : « Monseigneur, lui dit le P. Lacordaire, la religion et la patrie vous remercient, par ma voix, du courageux et catholique exemple que vous avez donné; elles vous remercient d'avoir

su concilier l'immutabilité de l'Église et la sainteté des serments avec les changements que Dieu
apporte dans le monde par la main des hommes. »

Comme pour prouver cette immutabilité dont
il parlait si éloquemment, le prédicateur continue
le développement de la doctrine qu'il exposait depuis plusieurs années. Il semble vouloir se retran-
cher dans la tradition divine, et la préserver des
invasions de l'histoire : vains efforts ! Le feu se fait
jour, il éclate en expressions brûlantes; et le dominicain populaire, arrivant aux preuves de l'exis-
tence de Dieu, s'écrie : « Vous démontrer Dieu !
mais vous auriez droit de m'appeler parricide et
sacrilége ! mais les portes de cette cathédrale s'ou-
vriraient d'elles-mêmes, et vous montreraient ce
peuple, superbe en sa colère, portant, au jour du
combat, l'image de son Dieu, du palais des rois
jusqu'au pied du sanctuaire, au milieu du respect et des adorations ! » A ces mots, une émotion
irrésistible entraîne tout l'auditoire. On éclate en
applaudissements que la sainteté du lieu ne peut
comprimer, et les cris : Vive la religion ! vive la
liberté ! font retentir les voûtes de Notre-Dame.

La conférence s'achève ensuite; la foule s'incline pour recevoir la bénédiction de son premier pasteur, qui veut faire lui-même, assisté de ses chanoines, la quête pour les blessés et pour leurs familles.

———

29 mars.

LES OUVRIERS TYPOGRAPHES.

Le mardi 29 février, à huit heures du matin, un très-grand nombre d'ouvriers typographes qui s'étaient courageusement battus dans les rues de Paris, ont voulu faire célébrer une messe d'action de grâces dans l'église de Saint-Étienne du Mont. Vingt-sept de leurs camarades avaient succombé dans la lutte des trois journées de février. Ces braves ouvriers sont allés eux-mêmes prier M. l'abbé Barbier de célébrer cette messe à l'autel de la sainte Vierge. Leur tenue a été non-seulement convenable, mais parfaitement religieuse. Après la messe, ils ont été remercier avec effusion M. l'abbé Barbier, et l'ont reconduit triomphalement jusqu'à son domicile. La foule s'est unie à cette démonstration, et de toutes parts on criait, sur le passage de ces ouvriers rendant ainsi hommage au clergé de Paris : Vive la liberté et la religion !

SERVICES FUNÈBRES.

Le mardi 29 février, des messes solennelles en l'honneur des victimes de la révolution ont été célébrées dans les églises de Saint-Eustache et de Notre-Dame des Victoires, qui regorgeaient de monde. Le commandant supérieur des gardes nationales de la Seine assistait au service célébré aux *Petits-Pères*. M. de Courtais était accompagné d'un détachement de la troisième légion. Une compagnie considérable de combattants et d'enrôlés volontaires, qui s'étaient rendus à cette solennité religieuse, se faisait remarquer par sa bonne tenue et sa contenance recueillie. Le commandant supérieur a fait compliment à l'abbé Desgenettes, curé de cette paroisse, de s'être montré en soutane pendant le combat, pour administrer des soins aux blessés.

Des services semblables ont été célébrés dans toutes les églises de Paris, par ordre de l'Archevêque; et tous les citoyens, sans distinction, se sont empressés de prendre part aux quêtes nombreuses qui ont été faites au profit des blessés.

L'ARCHEVÊQUE ET LE DRAPEAU TRICOLORE.

Le vendredi 3 mars, à six heures du soir, au moment où Mgr l'Archevêque de Paris rentrait chez lui, il a trouvé la porte de son hôtel entourée d'un assez grand nombre de gardes nationaux. Il s'est avancé vers eux, leur disant : « Messieurs, que me demandez-vous, et quel service puis-je vous rendre? » L'un d'entre eux est sorti des rangs, portant un drapeau tricolore, et a répondu : « Monseigneur, voici le premier drapeau donné à la garde nationale de Paris ; nous venons vous prier de le bénir. — De tout mon cœur, mes bons amis, je bénis votre drapeau et je vous bénis tous. » Et tous se sont retirés, charmés des paroles paternelles de notre bon archevêque.

Précédemment, Mgr l'Archevêque avait été visiter, dans les hôpitaux, les blessés de février, et avait recueilli, dans toutes les rues qu'il traversait à pied, les marques spontanées de la sympathie populaire.

LES CLUBS.

Dans tous les clubs, on a donné des preuves de sympathie et de respect à la religion et à ses ministres. Trois prêtres sont présidents de clubs : l'un est le vénérable M. Desgenettes. Ces clubs des ecclésiastiques, parmi lesquels nous citerons MM. Bouix, Ledreuille, Auger, Laroque, Gabriel, J. Corblet, ont, dès les premiers jours, protesté de l'amour et du dévouement du clergé pour la république; et leurs paroles, empreintes de franchise et d'enthousiasme, ont été accueillies par les plus vifs applaudissements. « Liberté, égalité et fraternité, s'écriait, dans un club, l'abbé J. Corblet, c'est la devise qui brillait sur la croix, avant d'être inscrite sur le drapeau de la France républicaine. Ce serait un crime que de la répudier, car c'est la garantie de nos droits, le code de nos devoirs, le type de notre civilisation, le signal de notre affranchissement, le sceau de notre avenir; et c'est sous ses auspices que la république et la religion placeront leur gloire et leur bonheur! » « J'ai salué avec amour cette révolution, disait l'abbé Gabriel au club de Chaillot. Pourquoi?

Parce qu'en voyant, le 24 février, ce peuple qui jetait d'un côté le trône par les fenêtres des Tuileries, et de l'autre allait porter triomphalement à Saint-Roch une croix tombée sous la main des vainqueurs, je me suis dit : Ce peuple mérite d'être libre..... C'est le Christ qui veut régner à son tour, et régner par ses frères, les ouvriers, les peuples. Gardez donc cette foi, et nul ne pourra vous rendre esclaves. Les baïonnettes peuvent bien courber les têtes, mais elles ne feront jamais courber ni la pensée ni le cœur.

UN COMMISSAIRE DU GOUVERNEMENT.

M. Sarrut, commissaire du gouvernement provisoire dans le département de Loir-et-Cher, a proclamé, dès son arrivée à Blois, que la liberté, l'égalité et la fraternité ne sont que le résultat des doctrines apportées au monde par Jésus-Christ. « Messieurs, a-t-il dit à la garde nationale, il y a dix-huit siècles que Jésus-Christ apporta la liberté au monde. L'assemblée nationale va nous faire des lois empreintes de cette liberté ; mais la loi fondamentale est déjà faite : c'est l'Évangile. »

＊＊＊

17 MARS.

UNION DU PEUPLE ET DU CLERGÉ.

Le 17 mars fut un jour de triomphe pour nos principes de liberté, d'égalité et de fraternité. Les cris de *Vive la république !* mêlés à ceux de *Vive la religion !* retentirent dans les rues de Paris, le long des quais et des boulevards, à la place de la Bastille et à la place Vendôme, et jusque dans le quartier latin. Deux cent mille hommes s'étaient réunis pour montrer, par une manifestation pacifique, leur force, leur amour de l'ordre, et leur respect pour tout ce qui est juste et saint. Cette multitude immense, majestueuse dans son calme, et qui marchait en bataillons comme une armée bien disciplinée, rappelait ces grandes manifestations catholiques de l'Irlande. C'était le 17 mars, le jour de saint Patrice, patron des Irlandais ; et, pour célébrer cette fête, les patriotes d'Irlande, résidant à Paris, allaient présenter au gouvernement provisoire leurs vœux pour la liberté et la fraternité des peuples. Ils s'étaient fait accompagner de soixante-dix élèves du séminaire des Irlandais. En débouchant le pont d'Arcole, ils virent les rangs du peuple s'ouvrir devant eux ; le drapeau de l'Irlande passa, les patriotes suivirent, mais les ecclésiastiques furent arrêtés. Les ouvriers les prirent dans leurs rangs comme des frères bienvenus. Mille voix répétèrent les cris de *Vive le clergé ! vive le culte ! vive la religion ! vivent les prêtres ! vive l'Archevêque ! vive Pie IX !* Les séminaristes tenaient le chapeau levé, et criaient : *Vive la république ! vive le peuple ! vivent les braves Parisiens ! vivent l'égalité et la fraternité ! vive Pie IX !* On se mit en marche : il était beau de voir la soutane à côté de la blouse ! le prêtre était bien à sa place au milieu du peuple. La promenade fut triomphale. La religion et la liberté, se donnant la main, furent accueillies partout par des cris de joie et d'enthousiasme. Ces deux cent mille ouvriers emmenant avec eux ces vrais enfants du peuple, ces ecclésiastiques qui étaient disséminés dans leurs rangs et qui leur donnaient le bras, parcoururent tout le faubourg Saint-Antoine, passèrent par la place de la Bastille, descendirent les boulevards jusqu'à la place Vendôme, et firent entendre partout les cris de *Vivent la république et la religion!* Arrivés à la place Vendôme, les séminaristes dirent adieu à leurs frères, ces braves ouvriers de Paris, et se disposaient à regagner leur demeure; mais le peuple, qui a tant de cœur, ne les laissa point partir ainsi : quinze à dix-huit mille hommes les reconduisirent en triomphe jusqu'à leur séminaire, qui est situé près de la place de l'Estrapade, et là ils se séparèrent en se serrant la main, et en se disant mutuellement : A revoir; sans adieu ; nous sommes amis à la vie, à la mort. *Vive la religion ! vive la république !*

***

19 MARS.

LES BLESSÉS DES TUILERIES.

Le dimanche 19 mars, les blessés des journées de février ayant témoigné le désir d'entendre l'office divin, on célébra une messe dans l'ancienne salle du Trône. Une allocution pleine d'à-propos, sur la fragilité des choses de ce monde et les devoirs de la confraternité entre les citoyens, prononcée avec chaleur par M. l'abbé Denys, remplit d'une profonde émotion cet auditoire recueilli.

L'AVENIR.

Les hommes de cœur et d'intelligence qui, depuis l'ère chrétienne, se sont occupés du bonheur de l'humanité, n'ont fait que développer la sublime morale du Sauveur. Il est temps qu'elle se réalise complétement dans le domaine politique. A l'œuvre donc! Les matériaux sont prêts : il ne reste plus qu'à bâtir. Manœuvres intelligents, travaillons avec unité, pour que la beauté de l'exécution réponde à la grandeur du plan. Cette exécution doit être assez large pour contenir la grande famille humaine. Il ne s'agit plus de chasser les uns pour introduire les autres; il faut trouver une place pour chacun. La révolution de 1848 ne renferme de menaces pour personne; elle est grosse d'espérances pour tous. Abjurons donc, d'un côté, toutes les défiances, et, de l'autre, tous les souvenirs amers. Il n'y a plus d'oppresseurs ni d'oppressés, il n'y a plus que des frères prêts à travailler ensemble au bonheur de tous, au bonheur de chacun. La fraternité sociale, inaugurée le 24 février sur les barricades par l'accord du peuple et de la garde nationale, fera désormais tomber les armes à tout homme égaré qui voudrait frapper son semblable. Plus de duels! plus d'échafauds! plus de révolutions sanglantes! La fraternité chrétienne sera désormais la reine du monde.

L'ARBRE DE LA LIBERTÉ AU CHAMP DE MARS.

Une foule immense se rendait, il y a quelques jours, au champ de Mars, afin d'élever un arbre de la liberté sur ce sol déjà si fécond en glorieux souvenirs.

A deux heures, une députation solennelle est envoyée au vénérable pasteur de la paroisse Saint-Pierre, pour le prier de venir appeler les bénédictions du ciel sur l'œuvre du peuple.

M. le curé accueille cette demande avec bonheur.

Arrivé au champ de Mars, il est reçu aux cris mille fois répétés de *Vive la religion catholique ! vivent les ministres du Christ !* Une chaire est improvisée. Le prêtre, revêtu de ses habits sacerdotaux, adresse alors ces paroles à la multitude religieusement attentive :

« Frères, pourquoi m'avez-vous demandé de venir au milieu de vous bénir cet arbre de la liberté?

« Ah! c'est que, par suite de cette éducation chrétienne que vous avez reçue, vous n'avez pas vu en moi un homme ordinaire. Vous savez que, malgré mon indignité, je suis, comme prêtre, le représentant de Dieu parmi les hommes. Il me semble donc voir, à cette heure, le ciel s'ouvrir sur nos têtes, et, du haut de son trône éternel, Dieu planter par mes mains, Dieu bénir par ma bouche, l'arbre de la liberté. » (Vive M. le curé! vive la religion!)

« Frères, ce que Dieu a planté, les hommes ne peuvent l'abattre; ce que Dieu a béni, les hommes ne doivent jamais le profaner. » (Acclamations.)

Puis il donna solennellement la bénédiction au peuple. Jamais, dans le temple sacré, on ne vit une assemblée chrétienne plus profondément recueillie.

Cependant la pluie tombait par torrents. Soudain, un magnifique arc-en-ciel étale ses couleurs sur les nuages. Le prêtre, s'adressant une seconde fois au peuple, lui dit : « Cette pluie, c'est la rosée céleste qui vient féconder et consolider l'arbre de la liberté. Frères, jurons tous que jamais une seule goutte du sang des hommes ne viendra souiller et flétrir les racines de cet arbre béni ! » Alors tous les bras se lèvent, toutes les bouches s'ouvrent : « Nous le jurons ! nous le jurons ! »

L'ARBRE DE LA LIBERTÉ SUR LA PLACE DE L'HOTEL DE VILLE.

Nous lisons dans *la Presse* du 26 mars :

« Hier, à deux heures, une députation des ouvriers du champ de Mars, accompagnée du clergé de Saint-Gervais, était introduite auprès du Gouvernement provisoire.

« M. Buchez, adjoint au maire de Paris, a répondu ainsi à un discours de M. le curé de Saint-

Gervais, qui avait excité les plus vives sympathies :

« Nous sommes profondément touchés de voir le clergé associé à cette œuvre populaire. Nous savons que le clergé a toujours porté dignement la bannière qui lui a été donnée il y a dix-huit siècles, celle qui a, la première, annoncé au monde les idées que la république s'efforcera de faire prévaloir, les idées de liberté, d'égalité, de fraternité, symboles de la dignité humaine. Ce sentiment de charité, qui vit par nos institutions politiques, c'est le clergé lui-même qui l'a enseigné le premier aux hommes.

« Nous ne sommes ici que gouvernement civil ; et le but que doit se proposer un bon gouvernement, c'est de réaliser politiquement, dans l'ordre temporel, une thèse qui a été posée dans l'ordre spirituel par la société cléricale. »

« A deux heures et demie, le clergé de Saint-Gervais marchait en avant avec la croix ; la garde nationale formait escorte, les tambours battaient aux champs.

« Arrivé sur le lieu où devait être planté l'arbre de la liberté, M. le curé de Saint-Gervais a dit :

« Honneur à toute cette multitude ici rassemblée,

qui a voulu que cette cérémonie fût consacrée par la religion, sous l'étendard du signe auguste de la croix ! »

« Des bravos prolongés ont accueilli ces paroles ; puis le clergé s'est retiré, laissant le peuple sous l'impression d'un double sentiment de patriotisme et de religion. »

L'ARBRE DE LA LIBERTÉ A LA BARRIÈRE DU TRONE.

Un arbre de la liberté, dit *la Presse* du 27 mars, a été planté hier à la barrière du Trône. M. l'abbé Hugonet, en l'absence de M. le curé, a parlé ainsi à la foule immense qui l'entourait :

« Citoyens, mes frères, la solennité qui nous réunit en ce jour n'a pas commencé d'hier seulement : il y a dix-huit siècles que le premier arbre de la liberté fut planté sur le sommet du Calvaire : cet arbre, arrosé du sang d'un Dieu-homme, a poussé de profondes racines ; ses branches se sont étendues sur le monde, et tous les peuples de la terre demandent maintenant à se reposer à l'ombre de son vigoureux feuillage. Ministres d'un Dieu qui mourut pour la liberté du monde, dont le sang brisa les chaînes de l'esclavage, dont le dernier soupir refoula dans l'abîme l'esprit de servitude ; dépositaires d'une doctrine qui proclame l'égalité en effaçant la ligne de démarcation que l'orgueil avait élevée entre l'esclave et l'homme libre, pour ne faire de tous les hommes qu'un peuple de frères ; membres de la grande famille dont Dieu est le père, nous voulons la liberté, mais une liberté grande et généreuse, une sainte liberté. Nous la voulons pour vous, dont le sang a coulé pour la conquérir ; nous la voulons pour nous, prêtres, afin de continuer librement notre ministère de dévouement et d'amour pour nos semblables ; nous voulons l'égalité, égalité de droits, égalité de protection de la part de la loi, égalité de sympathie de la part de nos concitoyens.

« Nous voulons la fraternité. Certes, depuis dix-huit siècles, c'est là notre enseignement ; et, selon l'ordre de notre maître à tous, nous n'avons cessé de crier aux hommes : « Aimez-vous les uns « les autres ; vous êtes tous frères ! » Croyez-le, mes frères, dans nos cœurs de prêtres vous trouverez toujours amour et dévouement. Ministres d'un

Dieu de paix, la religion nous défend de verser le sang ennemi; mais si (ce qu'à Dieu ne plaise!) la patrie en danger redemandait encore et vos bras et votre sang, soyez sûrs que vous nous trouveriez auprès de vous pour attirer sur vos armes les bénédictions du Dieu des armées; nous serions là pour panser vos blessures, consoler vos derniers moments en vous montrant les couronnes que le ciel vous réserve; nous serions là pour répéter à votre oreille ce refrain qui partait de vos âmes il n'y a qu'un instant :

> Mourir pour la patrie,
> C'est le sort le plus beau, le plus digne d'envie !

Oui, c'est le sort le plus beau, parce que mourir pour la patrie, c'est mourir pour son devoir; et mourir pour son devoir, c'est mourir comme le Christ expirant pour sauver ses frères. »

Ces paroles ont été reçues par des salves d'applaudissements, et par les cris partis à la fois de milliers de bouches : Vive le clergé ! vive la république! Le clergé est rentré processionnellement à l'église, au milieu de l'ordre le plus parfait.

Ces fêtes de la patrie et de la religion se sont renouvelées sur tous les points de la capitale, et partout le clergé a recueilli sur son passage des marques de chaleureuse sympathie, de vif enthousiasme et de profonde vénération.

Honneur au peuple qui a de tels sentiments !

Il est digne d'être libre, parce qu'il comprend la liberté.

Qu'on cesse donc de nous dire que la religion ne vit plus dans l'âme de ce grand peuple.

Ceux qui disent ce blasphème méconnaissent le peuple, ou bien le calomnient.

Le peuple, il n'a pas seulement hérité de la bravoure de ses pères, il a aussi hérité de leur vertu.

Quoi ! dans ces jours d'éternel souvenir, n'avons-nous pas vu ces nobles enfants de la patrie tomber à genoux sur le champ de bataille, comme autrefois tous nos vieux guerriers francs, pour rendre de solennelles actions de grâces au Dieu qui donne la victoire ?

Oui, le peuple est brave, il est généreux.

Il est brave parce qu'il est Français, et il est généreux parce qu'il est chrétien.

A quelque époque qu'on touche son cœur, on le sentira toujours battre avec force au nom de tout ce qui est grand et de tout ce qui est chrétien.

Il est deux choses qu'on n'arrachera jamais de ses entrailles : le dévouement à sa patrie et l'amour de sa religion.

Le peuple n'a qu'une devise : Dieu et la France, la foi et la patrie, le Christ et la liberté !!!

BANQUET DE LA SEPTIÈME LÉGION.

Dimanche 9 avril, les officiers et un très-grand nombre de gardes nationaux de la septième légion se sont réunis à Belleville, afin de célébrer dans un banquet les principes de fraternité qui lient désormais comme des frères tous les enfants de la république.

On ne pouvait oublier, dans une réunion semblable, celui qui est, ainsi que nous l'avons déjà dit, le garde national par excellence : le prêtre. Tous les membres du banquet manifestèrent le désir d'avoir au milieu d'eux le pasteur de la paroisse. L'état-major alla donc inviter M. le curé de Saint-Méry, qui s'empressa de se rendre à cette fête de famille. Au milieu du repas, le citoyen Dauphin, colonel de la légion, a, dans une courte et chaleureuse improvisation, exprimé avec bonheur les sentiments qui animent la septième légion pour le gouvernement républicain, et a proposé un toast à la prospérité de la république. Ce toast a été accueilli avec l'applaudissement de l'enthousiasme. D'autres toasts ont été ensuite portés; enfin M. le curé, après avoir remercié les citoyens, ses frères, des moments de bonheur qu'ils lui procuraient, leur a exprimé toute la joie qu'il éprouvait de se trouver au milieu de citoyens, plus spécialement appelés à resserrer les liens jusqu'à ce jour défendus par l'inégalité des conditions, et brisés enfin par un barbare égoïsme. Il a conjuré de nouveau les citoyens, ses frères, de faire passer dans leurs mœurs, de faire passer dans leurs actes cette sublime devise que le drapeau républicain emprunté à l'Église, *Égalité, liberté, fraternité,* et a porté son toast à la septième légion.

Honneur au banquet de Belleville! La septième légion a compris comme nous, a compris avec toute la garde nationale, que la république n'est que le corollaire et l'application de l'Évangile.

ADHÉSION DE L'ARCHEVÊQUE DE PARIS.

Le 8 mars, Mgr l'Archevêque de Paris se présenta au Gouvernement provisoire, et s'exprima en ces termes : « Je ne viens pas faire une manifestation solennelle auprès de vous. Vous connaissez mes sentiments : je les ai exprimés dans des actes publics. Ce que je suis heureux de vous dire, c'est que vous pouvez être sûrs du loyal concours de tout le clergé de Paris. Ce n'est pas ici une protestation dont je ne suis pas certain. J'ai vu, sur tous les points de mon diocèse, les ecclésiastiques manifester le désir le plus ardent de concourir à l'ordre public, autant que le permettront les fonctions dont ils sont chargés. »

M. Dupont (de l'Eure), président du Gouvernement provisoire, a répondu : « Le Gouvernement provisoire reçoit avec la plus vive satisfaction votre adhésion au Gouvernement provisoire de la république française. La liberté et la religion sont deux sœurs également intéressées à bien vivre ensemble. Nous comptons sur votre concours et sur celui du clergé, comme vous pouvez compter sur les sentiments de bienveillance du Gouvernement provisoire. »

LES OUVRIERS DE M. DIDOT.

Les ouvriers de M. Didot, imprimeur, étant restés trois jours sans travail, M. Didot leur donna néanmoins la somme de 1,000 francs, qui représentait la valeur de ces trois journées employées. Ces braves typographes, oubliant leurs propres besoins, partagèrent cette somme en trois parts : ils donnèrent 200 francs à deux vieillards pauvres, typographes de M. Didot ; ils offrirent au Gouvernement provisoire 300 francs pour les parents des glorieuses victimes de février, et 500 francs pour les ouvriers sans travail. De plus, ils ont versé au comptoir national la somme de 500 francs, provenant de leur caisse de secours.

Tels sont les vrais sentiments du peuple. L'abnégation, la probité, le désintéressement et la générosité, voilà le résumé de sa vie.

OPINION DE BENJAMIN CONSTANT

SUR LES RAPPORTS DE LA RELIGION ET DE LA LIBERTÉ.

« Si le despotisme n'est pas toujours contemporain de la chute d'une religion, il se présente souvent à la suite de l'incrédulité, qui détruit les cultes. Il a bon marché de l'homme dépouillé du sentiment religieux, qui est le *palladium* (le gardien) de sa grandeur et de son indépendance.

« L'incrédulité n'a aucun avantage ni pour la liberté politique, ni pour les droits de l'espèce humaine ; au contraire, elle peut frapper de mort des institutions abusives, mais plus infailliblement encore elle doit mettre obstacle à la renaissance de toutes celles qui préserveraient des abus.

« Si par impossible vous trouviez un tyran de bonne foi, il vous dirait qu'il aime bien mieux avoir à lutter avec l'incrédule qu'il se flatte toujours d'acheter, qu'avec l'homme religieux dont le salaire est un autre monde.

« Nous l'affirmerons donc hautement : l'époque où les idées religieuses disparaissent de l'âme des hommes est toujours voisine de la perte de la liberté ; des peuples religieux ont pu être esclaves,

mais AUCUN PEUPLE INCRÉDULE N'A PU ÊTRE LIBRE. »
(Benjamin Constant, *du Polythéisme*, t. II.)

De semblables paroles, sorties d'une bouche si peu suspecte, n'ont pas besoin de commentaire.

MANIFESTE ÉLECTORAL DE LA DÉMOCRATIE PACIFIQUE.

Ce morceau, remarquable à plus d'un titre, et signé par des républicains de vieille date, se termine par ces mots :

« Pauvres ou riches, prolétaires ou propriétaires, simples ou savants, hommes des champs ou habitants des villes, ce qu'il nous faut à l'assemblée nationale, ce sont des esprits ouverts, et des cœurs pleins de foi, d'espérance et de charité. Si l'assemblée nationale est un foyer brûlant d'amour, ne redoutez rien : ce foyer sera bientôt un foyer éclatant de lumière. Français, nos frères, qu'un immense sentiment de fraternité embrase nos cœurs ! Rallions-nous dans un concert sublime ! Organisons les forces, organisons le travail et l'association, organisons la liberté, organisons l'union et l'amour, et nous aurons bientôt établi le royaume de Dieu sur la terre! L'Évangile du Christ est le vrai code de la démocratie, car il est le code de la liberté, de l'égalité et de la fraternité. Que l'assemblée nationale soit une assemblée d'hommes pénétrés de la flamme évangélique, et l'esprit saint, l'esprit de Dieu et de l'humanité, sera au milieu d'elle! Vive la république française! vive la libre confédération des peuples! advienne sur la terre le royaume de Dieu et de sa justice!»

TABLE DES MATIÈRES.

FIN DE LA TABLE.

Paris. — Typographie de Firmin Didot frères, rue Jacob, 56.